NOUVEAU BARRÈME,

CONTENANT

Les prix comparatifs des prix des anciens poids et mesures de Nismes et de ceux des nouveaux.

Par E. DICTOR, Instituteur à Uzès.

A NISMES,

Chez J. GAUDE, Imprimeur-Libraire,

AN X.

Je mets la présente édition sous la sauve-
garde des lois. Les deux exemplaires, en vertu
de celle du 19 juillet 1793, sont déposés à la
Bibliothèque nationale.

AVERTISSEMENT.

Tout le monde connaît le livre intitulé : BARRÈME ou COMPTES-FAITS, et son utilité est généralement reconnue.

Ce nouveau Barrème, calqué sur celui-là, a pour but de donner le prix des nouvelles mesures et des nouveaux poids, par le prix des anciens.

On y trouve :

1°. A tant la canne, le prix du mètre.

2°. A tant l'aune, le prix du mètre.

3°. A tant la salmée de grains, le prix du décalitre.

4°. A tant le quintal poids de table, le prix de la livre nouvelle.

5°. A tant la livre poids de table, le prix de la livre et de l'once nouvelles.

6°. A tant le quintal poids de marc, le prix de la livre nouvelle.

7°. A tant la livre poids de marc, le prix de la livre et de l'once nouvelles.

8°. A tant le baral , le prix de la velte et de la pinte.

9°. A tant le piché , le prix de la pinte.

10°. A tant la canne d'huile , le prix de la velte et de la pinte.

11°. A tant la canne carrée , le prix du mètre carré.

On y trouve également un Tableau comparatif des anciennes mesures d'avec les nouvelles. On a étendu ce Tableau jusques aux plus petites mesures, afin de faciliter la classe indigente et de l'empêcher d'être dupe de l'ignorance ou de la cupidité.

RÉDUCTION *du prix de la canne au prix du mètre.*

PRIX de la canne.	PRIX du mètre. (fr. cent.)	PRIX de la canne.	PRIX du mètre. (fr. cent.)	PRIX de la canne.	PRIX du mètre. (fr. cent.)
à 1 franc	0,51	à 34 franc	17,21	à 1 sou	0,03
2	1.01	35	17,71	2	0,05
3	1,52	36	18,22	3	0,08
4	2.02	37	18,72	4	0,10
5	2,53	38	19,23	5	0,13
6	3,04	39	19,74	6	0,15
7	3,54	40	20,24	7	0,18
8	4,05	41	20,75	8	0,20
9	4,55	42	21,25	9	0.23
10	5,06	43	21,76	10	0,25
11	5,57	44	22,27	11	0,28
12	6,07	45	22,77	12	0,30
13	6,58	46	23,28	13	0,33
14	7,08	47	23,79	14	0,35
15	7,59	48	24,29	15	0,38
16	8,10	49	24,80	16	0,40
17	8,60	50	25,30	17	0,43
18	9,11	51	25,81	18	0,46
19	9,62	52	26,32	19	0,48
20	10,12	53	26,82		
21	10,63	54	27,33	à 1 denier	0,00
22	11,13	55	27,83	2	0,00
23	11,64	56	28,34	3	0,01
24	12,15	57	28,85	4	0,01
25	12,65	58	29,35	5	0,01
26	13,16	59	29,86	6	0,01
27	13,66	60	30,36	7	0,01
28	14,17			8	0.02
29	14,68			9	0,02
30	15,18			10	0,02
31	15,69			11	0,02
32	16,19				
33	16,70				

Nota. La canne n'ayant que 27 millimètres de plus que la toise, on peut se servir de cette table pour la réduction du prix de la toise au prix dn mètre.

RÉDUCTION *du prix de l'aune au prix du mètre.*

PRIX de l'aune.	PRIX du mètre.	PRIX de l'aune.	PRIX du mètre.	PRIX de l'aune.	PRIX du mètre.
fr.	fr. cent.	fr.	fr. cent.	sous.	fr. cent.
à 1	0,84	à 32	26,94	à 1	0,04
2	1,68	33	27,78	2	0,08
3	2,53	34	28,62	3	0,13
4	3,37	35	29,46	4	0,17
5	4,21	36	30,20	5	0,21
6	5,05	37	31.14	6	0,25
7	5,89	38	31,99	7	0,29
8	6,72	39	32.83	8	0,34
9	7,58	40	33,67	9	0,38
10	8,42	41	34,51	10	0,42
11	9,26	42	35,35	11	0,46
12	10,10	43	36,19	12	0,50
13	10.94	44	37,04	13	0,55
14	11,78	45	37,88	14	0,59
15	12,63	46	38.72	15	0,63
16	13,47	47	39,56	16	0,67
17	14,31	48	40.40	17	0,72
18	15,15	49	41,24	18	0,76
19	15,99	50	42,09	19	0,80
20	16,83	51	42,93		
21	17.68	52	43,77		
22	18,52	53	44,61	à 1 denier	0,00
23	19,36	54	45,45	2	0,00
24	20,20	55	46,30	3	0,01
25	21,04	56	47,14	4	0,01
26	21,88	57	47,98	5	0,02
27	22.73	58	48,82	6	0,02
28	23,57	59	49,66	7	0,02
29	24,41	60	50,50	8	0,03
30	25,25			9	0,03
31	26,09			10	0,04
				11	0,04

RÉDUCTION du prix de la salmée au prix du décalitre.

PRIX de la salmée.	PRIX du décalitre.	PRIX de la salmée.	PRIX du décalitre.	PRIX de la salmée.	PRIX du décalitre.	PRIX de la salmée.	PRIX du décalitre.
fr.	fr. cent.	fr.	fr. cent.	fr.	fr. cent.	sous	fr. cent.
à 1	0,05	à 34	1,70	à 67	3,35	à 1	0,00
2	0,10	35	1,75	68	3,40	2	0,01
3	0,15	36	1,80	69	3,45	3	0,01
4	0,20	37	1,85	70	3,50	4	0,01
5	0,25	38	1,90	71	3,55	5	0,01
6	0,30	39	1,95	72	3,60	6	0,02
7	0,35	40	2,00	73	3,65	7	0,02
8	0,40	41	2,05	74	3,70	8	0,02
9	0,45	42	2,10	75	3,75	9	0,02
10	0,50	43	2,15	76	3,80	10	0,03
11	0,55	44	2,20	77	3,85	11	0,03
12	0,60	45	2,25	78	3,90	12	0,03
13	0,65	46	2,30	79	3,95	13	0,03
14	0,70	47	2,35	80	4,00	14	0,04
15	0,75	48	2,40	81	4,05	15	0,04
16	0,80	49	2,45	82	4,10	16	0,04
17	0,85	50	2,50	83	4,15	17	0,04
18	0,90	51	2,55	84	4,20	18	0,04
19	0,95	52	2,60	85	4,25	19	0,05
20	1,00	53	2,65	86	4,30		
21	1,05	54	2,70	87	4,35	à 1 den.	0,00
22	1,10	55	2,75	88	4,40	2	0,00
23	1,15	56	2,80	89	4,45	3	0,00
24	1,20	57	2,85	90	4,50	4	0,00
25	1,25	58	2,90	91	4,55	5	0,00
26	1,30	59	2,95	92	4,60	6	0,00
27	1,35	60	3,00	93	4,65	7	0,00
28	1,40	61	3,05	94	4,70	8	0,00
29	1,45	62	3,10	95	4,75	9	0,00
30	1,50	63	3,15	96	4,80	10	0,00
31	1,55	64	3,20	97	4,85	11	0,00
32	1,60	65	3,25	98	4,90		
33	1,65	66	3,30	99	4,95		

RÉDUCTION *du prix du quintal poids de table au prix du kilogramme ou livre nouvelle.*

PRIX du quintal poids de table.	PRIX du kilogramme ou livre nouvelle.	PRIX du quintal poids de table.	PRIX du kilogramme ou livre nouvelle.
	fr. fr. cent.		fr. cent.
à 1	0,02	à 1 sou . .	0.00
2	0,05	2	0,00
3	0,07	3	0,00
4	0,10	4	0,00
5	0,12	5	0,01
6	0,14	6	0,01
7	0,17	7	0,01
8	0,19	8	0,01
9	0,22	9	0,01
10	0,24	10	0,01
11	0,27	11	0,01
12	0,29	12	0,01
13	0,31	13	0.02
14	0,34	14	0,02
15	0.36	15	0,02
16	0,39	16	0.02
17	0,41	17	0,02
18	0,43	18	0,02
19	0,46	19	0,02
20	0,48		
21	0,51	à 1 denier .	0.00
22	0,53	2	0,00
23	0,56	3	0,00
24	0.58	4	0,00
25	0,60	5	0,00
26	0,63	6	0,00
27	0,65	7	0,00
28	0,68	8	0,00
29	0,70	9	0,00
30	0,72	10	0,00
40	0,97	11	0,00

RÉDUCTION du prix de la livre poids de table au prix du kilogramme ou livre nouvelle.

PRIX de la livre pds. de table.	PRIX du kilogramme ou liv. nouv.	PRIX de l'hectogram. ou once nouv.	PRIX de la livre pds. de table.	PRIX du kilogramme ou liv. nouv.	PRIX de l'hectogram. ou once nouv.
fr.	fr. cent.	fr. cent.	sous	fr. cent.	fr. cent.
à 1 . . .	2,41	0,24	à 1 . . .	0,12	0,01
2 . . .	4,83	0,48	2 . . .	0,24	0,02
3 . . .	7,24	0,72	3 . . .	0,36	0,04
4 . . .	9,66	0,97	4 . . .	0,48	0,05
5 . . .	12,07	1,21	5 . . .	0,60	0,06
6 . . .	14,49	1,45	6 . . .	0,72	0,07
7 . . .	16,90	1,69	7 . . .	0,84	0,08
8 . . .	19,31	1,93	8 . . .	0,97	0,10
9 . . .	21,73	2,17	9 . . .	1,09	0,11
10 . . .	24,14	2,41	10 . . .	1,20	0,12
11 . . .	26,56	2,66	11 . . .	1,33	0,13
12 . . .	28,97	2,90	12 . . .	1,45	0,14
13 . . .	31,39	3,14	13 . . .	1,57	0,16
14 . . .	33,80	3,38	14 . . .	1,69	0,17
15 . . .	36,21	3,62	15 . . .	1,81	0,18
16 . . .	38,63	3,86	16 . . .	1,93	0,19
17 . . .	41,04	4,10	17 . . .	2,05	0,21
18 . . .	43,46	4,35	18 . . .	2,17	0,22
19 . . .	45,87	4,59	19 . . .	2,29	0,23
20 . . .	48,29	4,83			
21 . . .	50,70	5,07	à 1 denier.	0,01	0,00
22 . . .	53,11	5,31	2 . . .	0,02	0,00
23 . . .	55,53	5,55	3 . . .	0,03	0,00
24 . . .	57,94	5,79	4 . . .	0,04	0,00
25 . . .	60,36	6,04	5 . . .	0,05	0,00
26 . . .	62,77	6,28	6 . . .	0,06	0,01
27 . . .	65,19	6,52	7 . . .	0,07	0,01
28 . . .	67,60	6,76	8 . . .	0,08	0,01
29 . . .	70,01	7,00	9 . . .	0,09	0,01
30 . . .	72,43	7,24	10 . . .	0,10	0,01
31 . . .	74,84	7,48	11 . . .	0,11	0,01

PRIX du quintal poids de marc.	PRIX du kilogramme ou livre nouvelle.	PRIX du quintal poids de marc.	PRIX du kilogramme ou livre nouvelle.
fr.	fr. cent.		fr. cent.
à 1	0,02	à 1 sou . . .	0,00
2	0,04	2	0,00
3	0,06	3 . . . . ,	0,00
4	0,08	4	0,00
5	0,10	5	0,00
6	0,12	6	0,01
7	0,14	7	0,01
8	0,16	8	0,01
9	0,18	9	0,01
10	0,20	10	0,01
11	0,22	11	0,01
12	0,25	12	0,01
13	0,27	13	0,01
14	0,29	14	0,01
15	0,31	15	0,02
16	0,33	16	0,02
17	0,35	17	0,02
18	0,37	18	0,02
19	0,39	19	0,02
20	0,41		
21	0,43	à 1 denier . .	0,00
22	0,45	2	0,00
23	0,47	3	0,00
24	0,49	4	0,00
25	0,51	5	0,00
26	0,53	6	0,00
27	0,55	7	0,00
28	0,57	8	0,00
29	0,59	9	0,00
30	0,61	10	0,00
40	0,82	11	0,00

RÉDUCTION du prix de la livre poids de marc au prix du kilogramme ou livre nouvelle.

PRIX de la livre pds. de marc.	PRIX du kilogramme ou liv. nouv.	PRIX de l'hectogram. ou once nouv.	PRIX de la livre pds. de marc.	PRIX du kilogramme ou liv. nouv.	PRIX de l'hectogram. ou once nouv.
fr.	fr. cent.	fr. cent.	sous	fr. cent.	fr. cent.
à 1 2,04	0,20		à 1 . . . 0,10	0,01	
2 4,09	0,41		2 . . . 0,20	0,02	
3 . . . 6,13	0,61		3 . . . 0,31	0,03	
4 . . . 8,17	0,82		4 . . . 0,41	0,04	
5 . . . 10,21	1,02		5 . . . 0,51	0,05	
6 . . . 12,26	1,23		6 . . . 0,61	0,06	
7 . . . 14,30	1,43		7 . . . 0,71	0,07	
8 . . . 16,34	1,63		8 . . . 0,82	0,08	
9 . . . 18,29	1,84		9 . . . 0,92	0,09	
10 . . . 20,43	2,04		10 . . . 1,02	0,10	
11 . . . 22,47	2,25		11 . . . 1,12	0,11	
12 . . . 24,51	2,45		12 . . . 1,23	0,12	
13 . . . 26,56	2,66		13 . . . 1,33	0,13	
14 . . . 28,60	2,86		14 . . . 1,43	0,14	
15 . . . 30,64	3,06		15 . . . 1,53	0,15	
16 . . . 32,69	3,27		16 . . . 1,63	0,16	
17 . . . 34,73	3,47		17 . . . 1,74	0,17	
18 . . . 36,77	3,68		18 . . . 1,84	0,18	
19 . . . 38,82	3,88		19 . . . 1,94	0,19	
20 . . . 40,86	4,09				
21 . . . 42,90	4,29		à 1 denier. 0,01	0,00	
22 . . . 44,94	4,49		2 0,02	0,00	
23 . . . 46,99	4,70		3 0,03	0,00	
24 . . . 49,03	4,90		4 0,03	0,00	
25 . . . 51,07	5,11		5 0,04	0,00	
26 . . . 53,11	5,31		6 0,05	0,01	
27 . . . 55,16	5,52		7 0,06	0,01	
28 . . . 57,20	5,72		8 0,07	0,01	
29 . . . 59,24	5,92		9 0,08	0,01	
30 . . . 61,29	6,13		10 0,09	0,01	
31 . . . 63,33	6,33		11 0,09	0,01	

RÉDUCTION *du prix du baral de vin ou d'eau de vie, au prix du décalitre ou velte et de la pinte.*

PRIX du baral.	PRIX du décalitre ou velte.	PRIX du litre ou pinte.
fr.	fr. cent.	fr. cent.
à 1 ...	0,18	0,02
2 ...	0,37	0,04
3 ...	0,55	0,06
4 ...	0,73	0,07
5 ...	0,92	0,09
6 ...	1,10	0,10
7 ...	1,29	0,13
8 ...	1,47	0,15
9 ...	1,65	0,17
10 ...	1,84	0,18
11 ...	2,02	0,20
12 ...	2,20	0,22
13 ...	2,39	0,24
14 ...	2,57	0,26
15 ...	2,75	0,28
16 ...	2,94	0,29
17 ...	3,12	0,31
18 ...	3,30	0,33
19 ...	3,49	0,35
20 ...	3,67	0,37
21 ...	3,86	0,39
22 ...	4,04	0,40
23 ...	4,22	0,42
24 ...	4,41	0,44
25 ...	4,59	0,46
26 ...	4,77	0,48
27 ...	4,96	0,50
28 ...	5,14	0,51
29 ...	5,32	0,53
30 ...	5,51	0,55
31 ...	5,69	0,57

PRIX du baral.	PRIX du décalitre ou velte.	PRIX du litre ou pinte.
sous.	fr. cent.	fr. cent.
à 1 ...	0,01	0,00
2 ...	0,02	0,00
3 ...	0,03	0,00
4 ...	0,04	0,00
5 ...	0,05	0,00
6 ...	0,06	0,01
7 ...	0,06	0,01
8 ...	0,07	0,01
9 ...	0,08	0,01
10 ...	0,09	0,01
11 ...	0,10	0,01
12 ...	0,11	0,01
13 ...	0,12	0,01
14 ...	0,13	0,01
15 ...	0,14	0,01
16 ...	0,15	0,02
17 ...	0,16	0,02
18 ...	0,17	0,02
19 ...	0,17	0,02
à 1 den.	0,00	0,00
2 ...	0,00	0,00
3 ...	0,00	0,00
4 ...	0,00	0,00
5 ...	0,00	0,00
6 ...	0,01	0,00
7 ...	0,01	0,00
8 ...	0,01	0,00
9 ...	0,01	0,00
10 ...	0,01	0,00
11 ...	0,01	0,00

PRIX du piché.	PRIX du litre ou pinte.
sous	fr. cent.
à 1 ...	0,06
2 ...	0,13
3 ...	0,20
4 ...	0,26
5 ...	0,33
6 ...	0,40
7 ...	0,46
8 ...	0,53
9 ...	0,60
10 ...	0,66
11 ...	0,73
12 ...	0,79
13 ...	0,86
14 ...	0,93
15 ...	0,99
16 ...	1,06
17 ...	1,12
18 ...	1,19
19 ...	1,26
20 ...	1,32

RÉDUCTION *du prix de la canne d'huile au prix du décalitre ou velte et de la pinte.*					
PRIX de la canne.	PRIX du décalitre ou velte.	PRIX de la pinte.	PRIX de la canne.	PRIX du décalitre ou velte.	PRIX de la pinte.
fr.	fr. cent.	fr. cent.	sous	fr. cent.	fr. cent.
à 1 . . .	1,09	0,11	à 1 . . .	0,05	0,01
2 . . .	2,18	0,22	2 . . .	0,11	0,01
3 . . .	3,26	0,33	3 . . .	0,16	0,02
4 . . .	4,35	0,44	4 . . .	0,22	0,02
5 . . .	5,44	0,54	5 . . .	0,27	0,03
6 . . .	6,53	0,65	6 . . .	0,33	0,03
7 . . .	7,62	0,76	7 . . .	0,38	0,04
8 . . .	8,71	0,87	8 . . .	0,44	0,04
9 . . .	9,79	0,98	9 . . .	0,49	0,05
10 . . .	10,88	1,09	10 . . .	0,54	0,05
11 . . .	11,97	1,20	11 . . .	0,60	0,06
12 . . .	13,06	1,31	12 . . .	0,65	0,07
13 . . .	14,15	1,42	13 . . .	0,71	0,07
14 . . .	15,23	1,52	14 . . .	0,76	0,08
15 . . .	16,32	1,63	15 . . .	0,82	0,08
16 . . .	17,41	1,74	16 . . .	0,87	0,09
17 . . .	18,50	1,85	17 . . .	0,92	0,09
18 . . .	19,59	1,96	18 . . .	1,98	0,10
19 . . .	20,67	2,07	19 . . .	1,03	0,11
20 . . .	21,76	2,18			
21 . . .	22,85	2,29	à 1 denier.	0,00	0,00
22 . . .	23,94	2,39	2 . . .	0,01	0,00
23 . . .	25,03	2,50	3 . . .	0,01	0,00
24 . . .	26,12	2,61	4 . . .	0,02	0,00
25 . . .	27,20	2,72	5 . . .	0,02	0,00
26 . . .	28,29	2,83	6 . . .	0,03	0,00
27 . . .	29,38	2,94	7 . . .	0,03	0,00
28 . . .	30,47	3,05	8 . . .	0,04	0,00
29 . . .	31,56	3,16	9 . . .	0,04	0,00
30 . . .	32,64	3,26	10 . . .	0,05	0,00
31 . . .	33,73	3,37	11 . . .	0,05	0,01

RÉDUCTION *du prix de la canne carrée, au prix du mètre carré.*

PRIX de la canne carrée.	PRIX du mètre carré.	PRIX de la canne carrée.	PRIX du mètre carré.
fr.	fr. cent.		fr. cent.
à 1	0,26	à 1 sou . . .	0.01
2	0,51	2	0,03
3	0,77	3	0,04
4	1,02	4	0,05
5	1,28	5	0,06
6	1,54	6	0,08
7	1,79	7	0,09
8	2,05	8	0,10
9	2,30	9	0,12
10	2,56	10	0,13
11	2,82	11	0,14
12	3,07	12	0,15
13	3,33	13	0,17
14	3,59	14	0,18
15	3,84	15	0,19
16	4,10	16	0,20
17	4,35	17	0,22
18	4,61	18	0,23
19	4,87	19	0,24
20	5,12		
21	5,38	à 1 denier .	0,00
22	5,64	2	0,00
23	5,89	3	0,00
24	6,15	4	0,00
25	6,40	5	0,00
26	6,66	6	0,01
27	6,92	7	0,01
28	7,17	8	0,01
29	7,43	9	0,01
30	7,68	10	0,01
31	7,94	11	0,01

TABLEAU comparatif des anciennes mesures de Nismes avec les nouvelles.

mètre.

La canne équivaut à 1,976 millimètres.
La demi-canne . . à   988
Le quart de canne , à   494
Le pan . . . . . . à   247
Le demi-pan . . . à   123
Le tiers de pan. . à   82
Le quart de pan. à   62

Nota. Le mètre contient 10 décimètres : le décimètre contient 10 centimètres , et le centimètre 10 millimètres.

mètre.

L'aune équivaut à 1,188 millimètres.
La demi-aune . . à   594
Le tiers d'aune . à   396
Le quart d'aune . à   297

décalitres.

La salmée équivaut à 19,987 centilitres.
L'émine . . . . . . à   1,665
Le boisseau . . . . à   416

Nota. Le kilolitre ou muid contient 10 hectolitres ou setiers : l'hectolitre contient 10 décalitres ou boisseaux : le décalitre contient 10 litres ou pintes : le litre contient 10 décilitres et le décilitre contient 10 centilitres.

Le quintal poids de table
     équivaut . à 41 livres 4 onces 3 gros
la livre . . . . à . . . . . 4 onces 1 gros 4 deniers 3 grains.
La demi-livre à . . . . . 2 onces 0 gros 7 deniers 1 grain.
Le quarteron à . . . . . 1 once 0 gros 3 deniers 5 gr. ¾.
L'once . . . à . . . . 2 gros 5 deniers 9 gr.
La demi-once à . . . . 1 gros 2 deniers 9 gr.
Le quart d'once à . . . . 6 deniers 5 gr.

Nota. Le kilogramme ou livre nouvelle contient 10 hectogrammes ou onces : l'hectogramme contient 10 décagrammes ou gros : le décagramme contient 10 grammes ou deniers : le gramme contient 10 décigrammes ou grains.

TABLEAU comparatif des anciennes mesures de Nismes avec les nouvelles.

Le quintal poids de marc
équivaut . . . à 48 livres 9 onces 5 gros
La livre . . . à . . . . . 4 onces 8 gros 9 deniers 5 gr.
La demi-livre. à . . . . . . 2 onces 4 gros 4 deniers 7 gr. $\frac{1}{2}$
Le quarteron. à . . . . . . 1 once 2 gros 2 deniers 4 gr.
L'once . . . . à . . . . 3 gros . . . . 6 gr.
La demi-once. à . . . . 1 gros 5 deniers 3 gr.
Le quart d'once à . . . . 7 deniers 6 gr. $\frac{1}{2}$

Le muid de vin ou d'eau de vie

	décalitres ou	litres ou	décilitres ou	centilitres ou
équivaut . . . à	65 veltes	3 pintes	6 verres.	
Le baral . . . à	5 veltes	4 pintes	4 verres	6 10e de verre.
Le piché . . . à			7 verres	6 10e de verre.
La feuillette . à			3 verres	8 10e de verre.

Nota. Le décalitre ou velte contient 10 litres : le litre ou pinte contient 10 décilitres ou verres : le décilitre contient 10 centilitres ou 10e. de verre.

	litres ou	décilitres ou	centilitres ou
La canne d'huile équivaut à	9 pintes	1 verre	9 10e de verre.
La demi-canne . . . . . à	4 pintes	5 verres	9 10e $\frac{1}{2}$
Le quart de canne. . . . à	2 pintes	2 verres	9 10e $\frac{1}{4}$
Le huitième de canne . . à	1 pinte	2 verres.	
La livre équivaut . . . . . à		4 verres	6 10e de verre.

mètres.
La canne ou toise carrée équivaut à 3,904 millimèt. carrés.
Le pan carré équivaut . . . . . à 488.

Nota. L'hectare ou arpent contient 100 ares ou perches carrées : l'are carré contient 100 centiares ou mètres carrés.

Vu, vérifié et approuvé par le Préfet du Département du Gard. A Nismes, le 19 fructidor, an 10 de la République Française. J. B. DUBOIS.